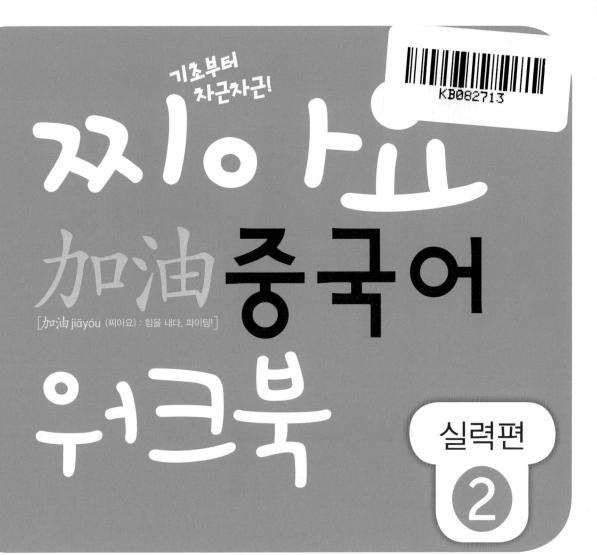

기초부터
차근차근!

찌아쑈

加油 **중국어**

[加油 jiāyóu (찌아요) : 힘을 내다. 파이팅!]

워크북

실력편

②

KB082713

J PLUS
Language Publishing Co.

Tip

<간체자 쓰기 요령>

1 가로획을 먼저 쓰고, 세로 획을 나중에 씁니다. 一 … 十

2 삐침 획을 먼저 쓰고, 파임 획을 나중에 씁니다. 丿 … 八

3 위에서 아래의 순서로 씁니다. 一 … 二

4 왼쪽에서 오른쪽으로 씁니다. 丿 … 刂 … 川

5 바깥에서 안쪽으로 씁니다. 丿 … 刀 … 月 … 月

6 외곽, 안쪽, 막기의 순서로 씁니다. 丨 … 冂 … 冃 … 四 … 四

7 중앙을 먼저 쓰고, 양쪽을 나중에 씁니다. 丨 … 小 … 小

1 아래 단어의 뜻을 쓰세요.

❶ 转 zhuǎn _____

❷ 猜 cāi _____

❸ 忘 wàng _____

❹ 以为 yǐwéi _____

❺ 刚才 gāngcái _____

❻ 离开 líkāi _____

2 관련 있는 것끼리 알맞게 연결한 후, 해당하는 단어를 중국어로 쓰세요.

❶   •

❷   •

❸   •

• chōngdiàn _____

• diànzǐ yóujiàn _____

• duǎnxìn _____

3 결과보어 "错"를 사용하여, 다음을 중국어로 바꾸세요.

❶ 잘못 들었다. → _____

❷ (글씨를) 잘못 썼다. → _____

❸ (전화를) 잘못 걸었다. → _____

❹ (문자를) 잘못 보냈다. → _____

4 자연스러운 대화가 되도록 알맞은 문장을 고르세요.

a 我以为现在六点了。 b 我以为你不喜欢吃中国菜。

c 我以为你是韩国人。 d 我以为你会说英语。

❶ 저는 당신이 한국 사람인 줄 알았어요. 不是，我是中国人。

❷ 现在才五点。 지금 6시인 줄 알았어요.

❸ 난 네가 영어 잘 하는 줄 알았지. BUS 不，我不会说英语。

❹ 나는 네가 중국 요리 안 좋아하는 줄 알았는데. 不，我很喜欢吃中国菜。

5 보기에서 알맞은 것을 골라 빈칸을 채우세요.

A: 你猜猜，我刚给你 ☐ 短信。

B: ☐ 是你呀！我 ☐ 要回信呢！

A: 我以为 ☐ 了短信呢。

B: ☐ 我的手机没电了，☐ 充了电。

보기

刚才　发过　刚

发错　原来　正

3

간체자 쓰기연습

刚才
gāngcái

품사 명사　의미 방금, 막

短信
duǎnxìn

품사 명사　의미 문자메시지

位
wèi

품사 양사　의미 분(사람을 높여서 세는 양사)

原来
yuánlái

품사 형용사/부사　의미 원래의, 알고 보니

转
zhuǎn

품사 동사　의미 (전화를) 바꾸다, 돌리다

猜
cāi

품사 동사   의미 추측하다

以为
yǐwéi

품사 동사   의미 ~인 줄 알다, ~라고 생각하다

发
fā

품사 동사   의미 발송하다, 보내다

回
huí

품사 동사   의미 회신하다

充电
chōngdiàn

품사 동사   의미 충전하다

大小正合适。

1 알맞은 발음을 찾아 연결하고 그 뜻을 쓰세요.

❶ 试 ·   · pèi ____

❷ 配 ·   · huò ____

❸ 货 ·   · shì ____

❹ 特别 ·   · héshì ____

❺ 合适 ·   · tèbié ____

2 그림에 해당하는 단어를 중국어로 쓰세요.

❶ _____

❷ _____

❸ _____

❹ _____

3 다음 문장의 해석으로 알맞은 것을 보기에서 고르세요.

❶ 还有别的吗？ ☐

❷ 我们说别的吧！ ☐

❸ 不买别的了，就买这些。 ☐

❹ 我想吃别的。 ☐

보기

a 다른 것은 안 살래요, 이것들만 사겠습니다.

b 나 다른 것 먹고 싶어.

c 다른 것이 더 있나요?

d 우리 다른 거 얘기하자!

4 다음 보기와 같이 문장을 완성하세요.

보기

哥哥，有姐姐 → 除了哥哥以外，还有姐姐。

❶ 英语，会说汉语 → _____

❷ 漂亮，很聪明 → _____

❸ 下雨，刮风 → _____

❹ 美国，去过欧洲 → _____

❺ 打工，上补习班 → _____

5 단어를 순서대로 배열하여 중국어로 말해 보세요.

❶ 货 昨天 新 到的， 一下 可以 你 试

어제 들어온 신상품입니다, 입어 보셔도 됩니다.

_____

❷ 的 颜色 还 吗 别 有

다른 색상도 있나요?

_____

❸ 要 一 中码 我 条 的 蓝色

파란색 중간 사이즈로 주세요.

_____

夹克
jiākè
품사 명사　의미 재킷

货
huò
품사 명사　의미 물건

事情
shìqing
품사 명사　의미 일, 사건

办法
bànfǎ
품사 명사　의미 방법

高矮
gāo'ǎi
품사 명사　의미 높이

条
tiáo

품사 양사　　의미 가늘고 긴 것을 나타내는 양사

合适
héshì

품사 형용사　　의미 알맞다, 적당하다

特别
tèbié

품사 부사　　의미 특히

配
pèi

품사 동사　　의미 어울리다

刮风
guāfēng

품사 동사　　의미 바람이 불다

03 一吃辣的就胃疼。

1 알맞게 연결하여 단어를 완성하고, 뜻을 쓰세요.

点 •   • 味 [　　　　]

地 •   • 菜 [　　　　]

风 •   • 料 [　　　　]

酒 •   • 单 [　　　　]

饮 •   • 道 [　　　　]

菜 •   • 水 [　　　　]

2 다음 빈칸에 들어갈 양사를 쓰세요.

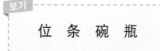
> 보기
> 位 条 碗 瓶

❶   ❷   ❸    ❹

三____裤子　　两____啤酒　　一____客人　　三____米饭

3 "点"에 주의하여 바르게 해석하고, 해당하는 의미를 고르세요.

❶ 现在几点?　　➜ _____

❷ 一点二五　　➜ _____

❸ 来点儿水果吧。　➜ _____

❹ 我们先点菜吧！　➜ _____

> 보기
> a 시간　　b 점
> c 방울　　d 주문하다
> e 약간, 조금

4 제시된 단어로 보기와 같이 문장을 완성하세요

看，知道 ➜ <u>一看就知道。</u>

❶ 回家，写作业   ➜ _____

❷ 困，喝咖啡   ➜ _____

❸ 喝酒，头疼   ➜ _____

❹ 下课，去图书馆   ➜ _____

5 힌트를 활용하여 문장을 완성하세요.

A: _____。 우리 먼저 음식부터 주문하자! 先

B: 吃烤鸭吧。   카오야 먹자.

A: _____? 정통 베이징 특색의 맛인 거지? 是～吗，地道

B: _____。 당연하지, 게다가 여기의 간판요리인걸. 当然，招牌菜

豆腐
dòufu

품사 명사　　의미 두부

胃疼
wèiténg

품사 명사　　의미 위통

风味
fēngwèi

품사 명사　　의미 맛, 풍미

招牌菜
zhāopáicài

품사 명사　　의미 간판요리

菜单
càidān

품사 명사　　의미 메뉴, 식단

饮料
yǐnliào

品사 명사　의미 음료

餐巾纸
cānjīnzhǐ

品사 명사　의미 냅킨

地道
dìdao

品사 형용사　의미 정통의, 원조의

困
kùn

品사 형용사　의미 피곤하다, 졸리다

点
diǎn

品사 동사　의미 주문하다

04 还不如睡觉了。

1 단어를 읽고 알맞은 것끼리 연결하세요.

❶ 考   •   • 희망하다

❷ 希望   •   • 시험보다

❸ 积累   •   • 평소

❹ 平时   •   • 밤새워 공부하다

❺ 开夜车   •   • (조금씩)쌓이다

2 빈칸에 들어갈 말을 보기에서 찾아 쓰세요.

❶ 你 _____ 看什么书？

❷ 回家 _____ 休息吧！

❸ 告诉她也 _____ 用。

❹ 应该平时 _____ 积累。

보기

没什么

好好儿

平时

一步一步地

3 우리말 뜻을 보고 보기와 같이 문장을 만드세요.

보기

逛街 / 在家休息 ➡ 逛街不如在家休息。 (길거리 쇼핑하느니 집에서 쉬는 편이 낫다.)

❶ 做不好 / 不做 (잘 못하느니 안 하는 편이 낫다.)

_____

❷ 玩儿游戏 / 看电视 (게임을 하느니 텔레비전을 보는 것이 낫다.)

_____

❸ 坐着 / 躺着 (앉아 있는 것보다 눕는 것이 낫다.)

_____

4 상황에 알맞은 대화를 완성하세요.

❶ A: 你去他家了吗？

  B: _____, 他不在家。

  괜히 갔어

❷ A: 新买的手机怎么样？

  B: _____, 已经坏了。

  괜히 돈 썼나봐

❸ A: 你见到他了吗？

  B: _____, 他没来。

  괜히 기다렸어

5 밑줄친 부분에 주의하여 우리말로 해석하세요.

❶ 考试没什么希望。　　→ _____

❷ 开夜车还不如睡觉。　　→ _____

❸ 我以后一定好好儿学习!　　→ _____

平时
píngshí

품사 명사　　의미 평소, 보통 때

一步
yíbù

품사 명사　　의미 한 걸음

意义
yìyì

품사 명사　　의미 의의, 의미

希望
xīwàng

품사 동사/명사　　의미 희망(하다)

考
kǎo

품사 동사　　의미 시험보다

好好儿
hǎohāor

품사 부사　의미 잘, 제대로

白
bái

품사 부사　의미 공연히, 쓸데없이

积累
jīlěi

품사 동사　의미 (조금씩)쌓이다, 누적되다

解决
jiějué

품사 동사　의미 해결하다

开夜车
kāiyèchē

의미 밤새워 일하다(공부하다)

05 我说的话你听得懂吗?

1 단어의 병음을 쓰고, 그 뜻을 고르세요.

❶ 其实 _____   ❷ 沒错 _____

❸ 简单 _____   ❹ 害怕 _____

❺ 差 _____   ❻ 记住 _____

보기
a 사실
b 차이가 나다
c 두려워하다
d 기억하다
e 간단하다
f 맞다

2 그림에 해당하는 가능보어 표현을 연결한 후, 그 뜻을 쓰세요.

❶   ❷   ❸ 生词   ❹   ❺

看得见   听得见   放不进去   找不到   记不住

_____   _____   _____   _____   _____

3 다음 보기와 같이 문장을 바꾸세요.

보기

能看完 → 看得完 (다 볼 수 있다) / 不能看完 → 看不完 (다 볼 수 없다)

❶ 能听懂 → _____ (알아들을 수 있다) / 不能听懂 → _____ (알아들을 수 없다)

❷ 能看懂 → _____ (알아볼 수 있다)   / 不能看懂 → _____ (알아볼 수 없다)

❸ 能找到 → _____ (찾을 수 있다)   / 不能找到 → _____ (찾을 수 없다)

18

4 보기와 같이 대화를 완성하세요.

보기

A: 你是中国人吗？（中国人 ✕ / 韩国人 〇）

B: 我不是中国人，而是韩国人。

❶ A: 你是来学习的吗？（来学习的 ✕ / 来工作的 〇）

B: _____

❷ A: 这个裙子是在百货商店买的吗？（在百货商店买的 ✕ / 在网上买的 〇）

B: _____

❸ A: 你怎么星期六还上班？（去上班 ✕ / 有约会 〇）

B: _____

❹ A: 你为什么不想去？（不想去 ✕ / 没时间去 〇）

B: _____

5 자연스러운 대화가 이어지도록 순서대로 배열하세요.

Ⓐ 我写的字你看得懂吗？

Ⓑ 不是小，而是有些字写得不太清楚。

Ⓒ 是不是我写得太小？

Ⓓ 有些字没看懂。

순서:

单词
dāncí

품사 명사　의미 단어

网
wǎng

품사 명사　의미 인터넷의 약칭

差
chà

품사 형용사　의미 차이가 나다

简单
jiǎndān

품사 형용사　의미 간단하다, 단순하다

其实
qíshí

품사 부사　의미 사실

答
dá

품사 동사　　의미 대답하다

成功
chénggōng

품사 동사　　의미 성공하다

失败
shībài

품사 동사　　의미 실패하다

害怕
hàipà

품사 동사　　의미 두려워하다, 무서워하다

听得懂
tīng de dǒng

의미 알아들을 수 있다

学汉语越来越有意思！

1 병음에 해당하는 단어를 찾아 연결하고, 그 뜻을 쓰세요.

① nánguài •　　　　　　　• 成语 (　　　　　　　)

② xīnxiān •　　　　　　　• 故事 (　　　　　　　)

③ chéngyǔ •　　　　　　　• 难怪 (　　　　　　　)

④ shuǐpíng •　　　　　　　• 新鲜 (　　　　　　　)

⑤ gùshi •　　　　　　　• 水平 (　　　　　　　)

2 그림을 보고, '점점 ~하다'의 표현으로 말해 보세요.

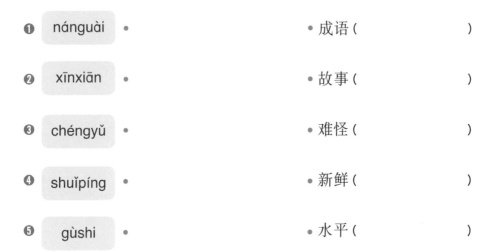

①　_____冷　②　_____瘦　③　___学___难　④　___喝___渴

3 다음 문장에서 강조부사 '可'가 들어갈 위치를 찾으세요.

① 他 A 的 B 汉语 C 好 D 了！

② 这儿的 A 空气 B 新鲜 C 了 D！

③ 他 A 是 B 个 C 好人 D！

④ 你的 A 孩子 B 真 C 漂亮 D 啊！

⑤ A 学汉语 B 真 C 有意思 D 啊！

4 그림을 보고, 대화를 완성하세요.

❶

A: 她做的菜真好吃！

B: _____

어쩐지 다들 그녀의 집에 가는 것을 좋아했군요.

❷

A: 我爸爸以前是运动员。

B: _____

어쩐지 너가 운동을 그렇게 좋아하더라니.

❸

A: 现在是雨季。

B: _____

어쩐지 요 며칠 계속 비가 오더라.

❹

A: 我下星期有考试。

B: _____

어쩐지 네가 밤을 샌다 했다.

5 대화의 짝을 찾아 연결하세요.

❶ 你在看什么？ •

❷ 他是韩国人。 •

❸ 四川怎么样？ •

• 难怪他喜欢吃辣的。

• 那儿的风景可美了！

• 我在看《成语故事》。

成语
chéngyǔ

품사 명사　의미 고사성어

故事
gùshi

품사 명사　의미 이야기

水平
shuǐpíng

품사 명사　의미 수준, 실력

空气
kōngqì

품사 명사　의미 공기

渴
kě

품사 형용사　의미 갈증나다

顺眼
shùnyǎn

품사 형용사　의미 보기 좋다, 마음에 들다

新鲜
xīnxiān

품사 형용사　의미 신선하다

可笑
kěxiào

품사 형용사　의미 우습다

难怪
nánguài

품사 부사　의미 어쩐지, 과연

越来越
yuèláiyuè

의미 점점, 갈수록

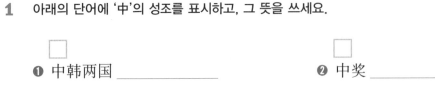

07 如果有了钱，你想干什么？

1 아래의 단어에 '中'의 성조를 표시하고, 그 뜻을 쓰세요.

① 中韩两国 _____ 　　　② 中奖 _____

③ 市中心 _____ 　　　④ 中毒 _____

⑤ 中央电视台 _____

2 빈칸에 들어갈 단어를 골라 쓰세요.

① 我买了 [　　　] 。

② 我想去 [　　　] 。

③ 考试 [　　　] 。

④ 猜中了 [　　　] 。

⑤ 你有点儿 [　　　] 。

⑥ 妈妈会 [　　　] 你。

보기

环球旅行

彩票

原谅

眼熟

及格

谜语

3 제시된 단어로 보기와 같이 문장을 완성하세요.

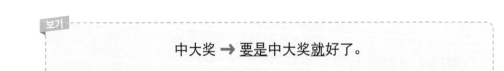

보기

中大奖 ➡ **要是**中大奖**就**好了。

① 我是你 ➡ _____ 　　② 有钱 ➡ _____

③ 再年轻一点儿 ➡ _____ 　　④ 考试及格 ➡ _____

⑤ 我能升职 ➡ _____

26

4 문장을 읽고 알맞은 해석을 고르세요.

❶ 你又买彩票了!

　　a 너 또 복권 샀구나!　　　　　　　b 너 또 복권 살거니?

❷ 我要是中大奖就好了。

　　a 내가 1등을 알아 맞히면 좋겠다.　　b 내가 1등에 당첨되면 좋겠다.

5 보기의 힌트를 활용하여 중국어로 옮기세요.

> 보기
>
> 难道 ＿＿＿＿＿＿＿＿ 吗?

❶ 설마 너 그 사람을 모른다는 거야?

　　＿＿＿＿＿＿＿＿＿＿＿＿＿＿＿＿＿＿＿＿＿

❷ 설마 너 정말 안 가고 싶니?

　　＿＿＿＿＿＿＿＿＿＿＿＿＿＿＿＿＿＿＿＿＿

❸ 설마 그가 너한테 안 알려준거니?

　　＿＿＿＿＿＿＿＿＿＿＿＿＿＿＿＿＿＿＿＿＿

❹ 설마 내가 잘못한 거야?

　　＿＿＿＿＿＿＿＿＿＿＿＿＿＿＿＿＿＿＿＿＿

彩票

품사 명사　**의미** 복권

cǎipiào

环球旅行

품사 명사　**의미** 세계여행

huánqiú lǚxíng

要害

품사 명사　**의미** 급소, 요충지

yàohài

难道

품사 부사　**의미** 설마~란 말인가?

nándào

如果

품사 접속사　**의미** 만약

rúguǒ

中奖
zhòngjiǎng

품사 동사　의미 (복권 따위에) 당첨되다

算
suàn

품사 동사　의미 그만두다

及格
jígé

품사 동사　의미 합격하다

升职
shēngzhí

품사 동사　의미 진급하다, 승진하다

原谅
yuánliàng

품사 동사　의미 용서하다

08 毕业等于失业。

1 알맞은 성조를 표기한 후, 빈칸에 뜻을 쓰세요.

> **보기**
> 准备 준비하다

❶ 毕业 ＿＿＿＿＿＿＿＿

❷ 失业 ＿＿＿＿＿＿＿＿

❸ 就业 ＿＿＿＿＿＿＿＿

❹ 情况 ＿＿＿＿＿＿＿＿

❺ 经济 ＿＿＿＿＿＿＿＿

2 그림을 보고 힌트를 활용하여 문장을 만들어 보세요.(힌트: 等于)

❶

1＋1＝2

＿＿＿＿＿＿＿＿＿＿＿＿＿

❷

结婚 = 幸福

＿＿＿＿＿＿＿＿＿＿＿＿＿

❸

省钱 = 赚钱

＿＿＿＿＿＿＿＿＿＿＿＿＿

❹

谈恋爱 = 花钱

＿＿＿＿＿＿＿＿＿＿＿＿＿

3 '快～了'를 활용하여 다음 문장을 중국어로 바꾸세요.

❶ 곧 비가 내리겠어요.　　　　→　看起来, ＿＿＿＿＿＿＿＿＿＿＿

❷ 곧 결혼합니다.　　　　　　→　我 ＿＿＿＿＿＿＿＿＿＿＿＿＿＿

❸ 영화가 곧 시작되려고 해요.　→　电影 ＿＿＿＿＿＿＿＿＿＿＿＿＿

❹ 우리 아이가 곧 태어날 거예요. →　我的宝宝 ＿＿＿＿＿＿＿＿＿＿

4 '因为～，所以～'를 사용하여, 대화를 완성하세요.

❶ A: 你为什么想当老师？

   B: _____ 我喜欢孩子

❷ A: 你为什么要换手机？

   B: _____ 原来的太旧了

❸ A: 李老师为什么没来？

   B: _____ 生病了

❹ A: 你们为什么分手了？

   B: _____ 我们性格不合

5 빈칸에 알맞은 단어를 넣으세요.

보기

等于　　差不多　　看来　　听～说　　快～了　　因为～所以

A: ☐ 梨花 ☐，你 ☐ 毕业 ☐ ？

B: 是啊，可是毕业 ☐ 失业。

☐ 经济不好，☐ 失业的人很多。

A: ☐，韩国和中国情况 ☐。

31

经济
jīngjì

품사 명사　의미 경제

广播
guǎngbō

품사 명사　의미 방송 프로그램

天气预报
tiānqì yùbào

품사 명사　의미 일기예보

因为
yīnwèi

품사 접속사　의미 왜냐하면

等于
děngyú

의미 (~와) 같다

失业
shīyè

품사 동사　의미 직업을 잃다

就业
jiùyè

품사 동사　의미 취직하다

听说
tīngshuō

품사 동사　의미 듣건데, 듣자하니

省钱
shěngqián

품사 동사　의미 돈을 절약하다

吵架
chǎojià

품사 동사　의미 말다툼하다, 싸우다

除了故宫以外，我都没去过。

1 병음에 알맞은 단어를 연결하고, 그 뜻을 쓰세요.

① qìwēn ·   · 雪 ·   · 不 _____

② xuějǐng ·   · 要 ·   · 低 _____

③ língxià ·   · 零 ·   · 温 _____

④ yàobù ·   · 最 ·   · 下 _____

⑤ zuìdī ·   · 气 ·   · 景 _____

2 보기에서 알맞은 표현을 골라 쓰세요.(~되다)

보기

老板　导游
当
厨师　老师

① _____ ② _____ ③ _____ ④ _____

3 주어진 단어로 보기와 같이 문장을 완성하세요.

보기

今天，热 → 今天怎么这么热?

① 房间，热 → _____

② 找工作，难 → _____

③ 网速，慢 → _____

④ 房子，贵 → _____

4 한국어 해석에 주의하여 알맞은 것을 골라 중국어로 말해 보세요.

> 보기
>
> 除了~以外，都~ / 除了~以外，还~

❶

A: 你们都是韩国人吗？

B: ＿＿＿＿＿＿＿＿＿＿＿＿＿＿＿＿

(가이드 빼고, 저희 모두 한국인입니다.)

❷

한국사 92
영어 68
국어 90

A: 你高中的成绩好吗？

B: ＿＿＿＿＿＿＿＿＿＿＿＿＿＿＿＿

(영어 외에, 다른 성적들은 모두 좋아요.)

❸

A: 你喜欢喝什么？

B: ＿＿＿＿＿＿＿＿＿＿＿＿＿＿＿＿

(커피 외에도, 다른 음료들도 좋아해요.)

❹

A: 我什么时候可以给你打电话？

B: ＿＿＿＿＿＿＿＿＿＿＿＿＿＿＿＿

(아침만 빼고, 언제든 다 가능합니다.)

5 다음 질문에 중국어로 자유롭게 답해 보세요.

❶ 天气预报说，今天天气怎么样？

→ ＿＿＿＿＿＿＿＿＿＿＿＿＿＿＿＿＿＿＿＿

❷ 中国的名胜，你都去过哪儿？

→ ＿＿＿＿＿＿＿＿＿＿＿＿＿＿＿＿＿＿＿＿

气温
qìwēn
품사 명사　의미 기온

零下
língxià
품사 명사　의미 영하

度
dù
품사 명사/양사　의미 도

雪景
xuějǐng
품사 명사　의미 설경

名胜
míngshèng
품사 명사　의미 명승지

网速
wǎngsù

품사 명사　의미 인터넷 속도

成绩
chéngjì

품사 명사　의미 성적

最低
zuìdī

품사 형용사　의미 가장 낮다, 최저이다

要不
yàobù

품사 접속사　의미 아니면, 그렇지 않으면

丢
diū

품사 동사　의미 잃다

10 不管是夏天还是冬天，都很美。

1 아래 단어를 중국어는 한국어로 한국어는 중국어로 바꾸세요.

❶ 학생증 _____   ❷ 参观 _____

❸ 打折 _____   ❹ 工厂 _____

❺ 그런 다음에 _____   ❻ 세내다, 빌려 쓰다 _____

❼ 结账 _____   ❽ 중시하다 _____

2 다음을 중국어로 표현하세요.

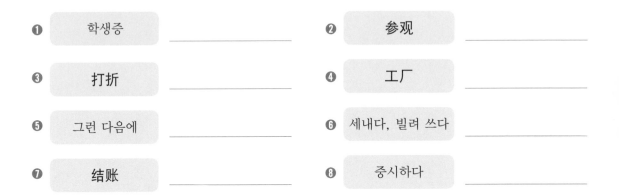

보기
⬇ **30%**
打七折

❶ ⬇ **20%** _____

❷ ⬇ **15%** _____

❸ ⬇ **10%** _____

❹ ⬇ **25%** _____

3 밑줄 부분에 주의하여 다음 빈칸에 들어갈 말을 쓰세요.

❶ ☐ 学生证买票可以打五折。 (학생증으로 표를 사면, 50% 할인이 되거든.)

❷ 我们 ☐ 哪儿 ☐ 逛？ (우리 어디서부터 돌까?)

❸ 这里 ☐ 美 ☐ ！ (여기는 너무 아름답구나!)

❹ ☐ 一幅画 ☐ ！ (마치 한 폭의 그림 같아!)

4 순서대로 일어나는 동작을 중국어로 말해 보세요.(先 / 然后)

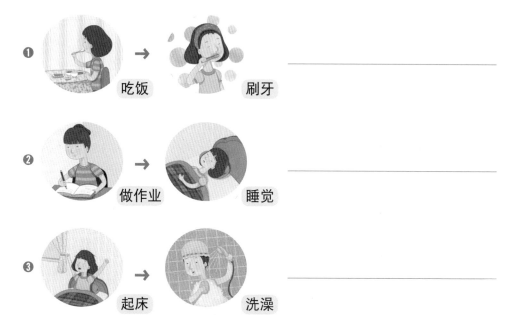

① 吃饭 → 刷牙 _____

② 做作业 → 睡觉 _____

③ 起床 → 洗澡 _____

5 보기와 같이 문장을 만들고 그 뜻을 쓰세요.

보기

夏天，冬天，很美 → <u>不管</u>是夏天还是冬天，<u>都</u>很美。

(여름이든 겨울이든 언제나 아름답다.)

① 刮风，下雨，去图书馆 → _____

(   )

② 妈妈，爸爸，很忙 → _____

(   )

③ 上午，下午，有时间 → _____

(   )

学生证
xuéshēngzhèng
품사 명사　**의미** 학생증

幅
fú
품사 양사　**의미** 폭(그림을 세는 양사)

不管
bùguǎn
품사 접속사　**의미** ~을 막론하고, ~에 관계없이

然后
ránhòu
품사 접속사　**의미** 그런 다음에

似的
shì de
품사 조사　**의미** ~와 같다

用
yòng

품사 동사　의미 ~을 사용하다

打折
dǎzhé

품사 동사　의미 할인하다

结账
jiézhàng

품사 동사　의미 계산하다

参观
cānguān

품사 동사　의미 참관하다

租
zū

품사 동사　의미 세내다, 빌려 쓰다

11 一边上学一边打工。

1 빈칸에 병음은 중국어로, 중국어는 병음으로 써 넣으세요.

❶ kuàicāndiàn _____

❷ 上学 _____

❸ dǎgōng _____

❹ 辛苦 _____

❺ jīlěi _____

❻ 聊 _____

2 다음 알맞은 그림을 고르세요.

❶ 边走边聊 •

•

❷ 边看边说 •

•

❸ 边唱边跳 •

•

❹ 边听边唱 •

•

3 다음 보기와 같이 문장을 만들고 한국어로 해석해 보세요.

> **보기**
>
> 看书, 喝咖啡 → <u>一边</u>看书<u>一边</u>喝咖啡。 책을 보며, 커피를 마신다.

❶ 听音乐, 做作业 → _____

❷ 喝茶, 聊天 → _____

❸ 开车, 接电话 → _____

❹ 找工作, 准备结婚 → _____

4 제시된 단어를 알맞은 곳에 넣어 문장을 완성하세요.

❶ 你这是哪儿回来？ 从 → _____

❷ 我从中国回来。 刚 → _____

❸ 我看中国电影, 学汉语。 一边～一边 → _____

5 '虽然～, 可是～'를 이용하여 문장을 완성하세요.

❶ 公司很小, 发展很快

_____

❷ 我们是姐妹, 一点儿也不像

_____

❸ 我会说汉语, 说得不太好

_____

❹ 堵车, 上班没迟到

_____

快餐店
kuàicāndiàn

품사 명사　의미 패스트푸드점

经验
jīngyàn

품사 명사　의미 경험, 체험

外地
wàidì

품사 명사　의미 타지

老家
lǎojiā

품사 명사　의미 고향

质量
zhìliàng

품사 명사　의미 품질

工资
gōngzī

품사 명사　의미 급여

辛苦
xīnkǔ

품사 형용사　의미 고생스럽다, 수고롭다

虽然
suīrán

품사 접속사　의미 비록 ~일지라도

聊
liáo

품사 동사　의미 잡담하다

发展
fāzhǎn

품사 동사　의미 발전하다

12 不甜不要钱！

1 빈칸에 알맞은 것을 쓰세요.

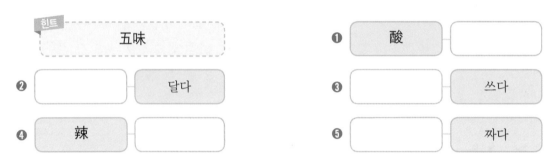

힌트
五味

❷ [   ] 달다

❹ 辣 [   ]

❶ 酸 [   ]

❸ [   ] 쓰다

❺ [   ] 짜다

2 다음 중 알맞은 단어를 고르세요.

❶ 고르다 — 跳 / 挑

❷ 모두 갖추다 — 具全 / 俱全

❸ 이해하다 — 了解 / 了节

❹ 상품 — 奖品 / 桨品

3 다음 빈칸에 공통으로 들어가는 단어를 쓰세요.

1.

❶ 我想买新鲜的水果, 葡萄、 草莓 _____。

❷ 上市场买了辣椒、 白菜、 洋葱 _____。

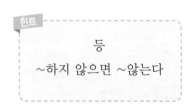

힌트
등
~하지 않으면 ~않는다

2.

❶ 挑个西瓜吧！刚到的。____ 甜 ____ 要钱。

❷ 我们明天下午三点见，____ 见 ____ 散！

4 보기를 참고하여 자연스러운 문장이 되도록 연결하세요.

>
> <u>只要</u>放假，我<u>就</u>去旅游。 (방학이 되면 나는 여행을 간다.)

❶ 只要参加　　　　　•　　　　　• 就想起童年。

❷ 只要努力学习　　•　　　　　• 就有奖品。

❸ 我只要听到这首歌 •　　　　　• 我就放心了。

❹ 只要妈妈同意　　•　　　　　• 我就可以去。

❺ 只要你幸福　　　•　　　　　• 就会有好成绩。

5 힌트를 활용하여 중국어로 바꾸세요.

❶ 그래도 너무 비싸요, 좀 더 깎아 주세요.　　　还是, 再

→ _____

❷ 요즘 잦은 회의나 출장 등으로 매우 바쁘다.　　经常, 什么的

→ _____

❸ 여러 가지 맛을 다 가지고 있다.　　五味

→ _____

童年
tóngnián

품사 명사   의미 어린 시절

俱全
jùquán

품사 형용사   의미 모두 갖추다

甜
tián

품사 형용사   의미 달다

只要
zhǐyào

품사 부사   의미 ~하기만 하면

挑
tiāo

품사 동사   의미 고르다, 선택하다

归
guī

품사 동사　의미 돌아가다

散
sàn

품사 동사　의미 흩어지다, 사라지다

同意
tóngyì

품사 동사　의미 동의하다

参加
cānjiā

품사 동사　의미 참가하다, 참여하다

讲价
jiǎngjià

품사 동사　의미 가격을 흥정하다

13 我被女朋友甩了。

1 알맞은 것끼리 연결하고, 그 뜻을 쓰세요.

❶ 精神 •   • gǎnqíng   ☐

❷ 提 •   • fēnshǒu   ☐

❸ 甩 •   • xiǎoxīnyǎnr   ☐

❹ 忘 •   • jīngshen   ☐

❺ 感情 •   • wàng   ☐

❻ 分手 •   • shuǎi   ☐

❼ 小心眼儿 •   • tí   ☐

2 그림을 보고, 해당하는 '동작'을 중국어로 쓰세요.

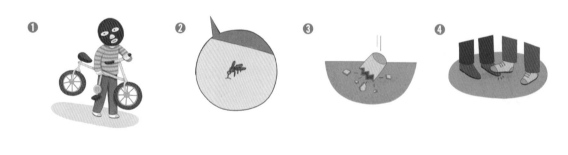

❶ _____ ❷ _____ ❸ _____ ❹ _____

보기

咬   偷走   踩   打碎

50

3 우리말 해석에 주의하여 알맞은 것을 고르세요.

❶ 你怎么 **不 / 没** 来？   너 왜 안 오니?

❷ 你怎么 **不 / 没** 告诉我？   너 왜 나에게 안 알려줬니?

❸ 你怎么 **不 / 没** 吃饭？   너 왜 밥을 안 먹니?

❹ 你怎么 **不 / 没** 去考试？   너 왜 시험보러 안 갔니?

4 같은 뜻의 '반문'형식으로 바꿔 말해 보세요.

> 보기
>
> 他们的感情一直很好吧？ → 他们的感情<u>不是</u>一直很好<u>吗</u>？

❶ 这是你的手机吧？   → _____

❷ 你学过汉语吧？   → _____

❸ 你答应过我吧？   → _____

5 '被'를 넣은 문장으로 바꾸세요.

> 보기
>
> 女朋友甩了我。 → 我被女朋友摔了。

❶ 蚊子咬了我。   → _____

❷ 妹妹拿走了我的笔记本电脑。 → _____

❸ 小偷偷了妈妈的钱包。   → _____

❹ 老师批评了我。   → _____

精神
jīngshen

품사 명사　의미 기운, 활력

感情
gǎnqíng

품사 명사　의미 감정

胃口
wèikǒu

품사 명사　의미 식욕

被
bèi

품사 개사　의미 ~에 의해

甩
shuǎi

품사 동사　의미 뿌리치다, 떨치다

答应
dāying

품사 동사　　의미 응답하다, 동의하다

批评
pīpíng

품사 동사　　의미 비평하다, 나무라다

撞
zhuàng

품사 동사　　의미 부딪치다, 충돌하다

打碎
dǎsuì

품사 동사　　의미 (때려) 부수다

炒鱿鱼
chǎoyóuyú

의미 해고하다

14 只有星期天，才有时间。

1 병음과 뜻을 연결하고 해당 중국어를 찾아 쓰세요.

❶ jùhuì •   • 예약하다 _____

❷ yùdìng •   • 가격 _____

❸ rènao •   • 실용적이다 _____

❹ zhǔyi •   • 변화하다 _____

❺ jiàgé •   • 아쉽다 _____

❻ shíhuì •   • 아이디어 _____

❼ kěxī •   • 모이다 _____

보기

主意
预订
可惜
聚会
价格
热闹
实惠

2 '요일'에 해당하는 단어의 동의어로 빈칸을 채우세요.

❶

월요일
星期一

❷

금요일
星期五

❸

토요일
周六

❹

일요일

54

3 보기에서 알맞은 것을 골라 빈칸을 채우세요.

보기

只好　可惜　主意　不了　预定

❶ 老师出了一个好 _____ 。

❷ 他没来, _____ 我一个人去了。

❸ 我吃_____ 那么多菜。

❹ _____ 我喜欢的东西都卖光了。

❺ 我想 _____ 一张去北京的机票。

4 알맞은 것을 골라 문장을 완성하세요.

보기

只有~才　　　/　　　只要~就

❶ [　] 冬天, [　] 能滑雪。　　겨울이 되어야만, 스키를 탈 수 있다.

❷ [　] 老板, [　] 能决定。　　사장님만 결정할 수 있다.

❸ [　] 妈妈同意, 我 [　] 可以去。 엄마가 허락하시면 갈 수 있다.

❹ [　] 努力学习, [　] 会有好成绩。열심히 공부하면, 좋은 성적을 얻을 수 있다.

❺ [　] 会员, [　] 有出入证。　　회원만이 출입증이 있다.

간체자 쓰기연습

周
zhōu

품사 명사 　 의미 주, 주일

价格
jiàgé

품사 명사 　 의미 가격

初恋
chūliàn

품사 명사 　 의미 첫사랑

热闹
rènao

품사 형용사 　 의미 번화하다, 시끌벅적하다

实惠
shíhuì

품사 형용사 　 의미 실속이 있다

可惜
kěxī

품사 형용사　의미 아쉽다, 섭섭하다

聚会
jùhuì

품사 동사　의미 모이다

预订
yùdìng

품사 동사　의미 예약하다

治
zhì

품사 동사　의미 치료하다

保持
bǎochí

품사 동사　의미 유지하다

15 系好安全带了吗?

1 해당하는 단어를 보기에서 찾아 쓰세요.

> 보기
>
> 身材　　新闻　　戒　　晕车　　老公　　长寿

❶ 차 멀미하다 _____

❷ 뉴스 _____

❸ 장수하다 _____

❹ 끊다 _____

❺ 몸매 _____

❻ 남편 _____

2 다음 그림을 보고, 중국어로 묘사하세요.

> 보기
>
> 系鞋带

❶ _____

❷ _____

❸ _____

3 다음 보기와 같이 문장을 완성하세요.

> 보기
>
> 身材，少吃点儿 ➡ 为了身材，还是少吃点儿吧。

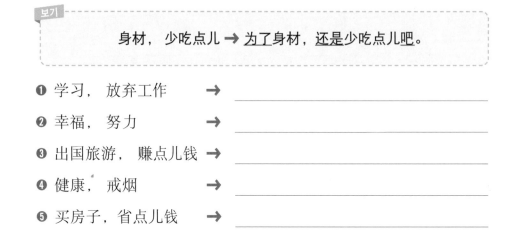

❶ 学习，放弃工作　➡ _____

❷ 幸福，努力　➡ _____

❸ 出国旅游，赚点儿钱 ➡ _____

❹ 健康，戒烟　➡ _____

❺ 买房子，省点儿钱 ➡ _____

4　보기에서 알맞은 것을 골라 빈칸을 채우세요.

> 系好
> 系上
> 反正
> 难怪

❶ 为了安全还是 ☐ 吧。

❷ ☐ 安全带了吗?

❸ 现在是雨季, ☐ 这几天一直下雨。

❹ 着什么急呀, ☐ 还有时间。

5　다음 제시된 의미에 맞게 어휘들을 배열하세요.

❶ 저는 그 사람만큼 말을 잘하지 못해요.

他 / 说 / 我 / 没有 / 好 / 得　_____

❷ 서울은 베이징만큼 크지 않아요.

大 / 首尔 / 北京 / 没有　_____

❸ 오늘은 어제만큼 춥지 않아요.

今天 / 冷 / 昨天 / 没有　_____

❹ 드라마는 영화만큼 그렇게 멋지지 않다.

电视剧 / 精彩 / 那么 / 没有 / 电影　_____

安全带
ānquándài

품사 명사   의미 안전벨트

新闻
xīnwén

품사 명사   의미 뉴스

为了
wèile

품사 개사   의미 ~을 위해서

反正
fǎnzhèng

품사 부사   의미 어쨌든

特别
tèbié

품사 부사   의미 특히, 아주

传播
chuánbō

품사 동사　의미 전파하다

系
jì

품사 동사　의미 매다, 묶다

晕车
yùnchē

품사 동사　의미 차 멀미하다

戒
jiè

품사 동사　의미 끊다

长寿
chángshòu

품사 동사　의미 장수하다

真是漂亮极了！

1 빈칸에 알맞은 성조를 표시하고, 그 뜻을 쓰세요.

❶ 新娘　xinniang ＿＿＿＿＿＿＿＿＿

❷ 过节　guojie ＿＿＿＿＿＿＿＿＿

❸ 韩服　hanfu ＿＿＿＿＿＿＿＿＿

❹ 传统　chuantong ＿＿＿＿＿＿＿＿＿

❺ 服装　fuzhuang ＿＿＿＿＿＿＿＿＿

❻ 旗袍　qipao ＿＿＿＿＿＿＿＿＿

2 '매우 ~하다'의 형태를 만들고 해석해 보세요. (~极了)

❶ 好　＿＿＿＿＿＿ , ＿＿＿＿＿＿

❷ 高兴　＿＿＿＿＿＿ , ＿＿＿＿＿＿

❸ 难受　＿＿＿＿＿＿ , ＿＿＿＿＿＿

❹ 可爱　＿＿＿＿＿＿ , ＿＿＿＿＿＿

3 각각의 문장을 해석한 후 밑줄 친 단어가 같은 뜻으로 쓰인 것을 고르세요.

a 韩服穿起来不<u>方便</u>，只有过节才穿。

→ ＿＿＿＿＿＿＿＿＿＿＿＿＿＿＿＿

b 不好意思，我去<u>方便</u>一下。

→ ＿＿＿＿＿＿＿＿＿＿＿＿＿＿＿＿

方便 (뜻: ＿＿＿＿＿＿)

→ ☐

c 首尔虽然人口很多，可是交通很<u>方便</u>。

→ ＿＿＿＿＿＿＿＿＿＿＿＿＿＿＿＿

d 公司一直给我提供<u>方便</u>。

→ ＿＿＿＿＿＿＿＿＿＿＿＿＿＿＿＿

4 그림을 보고 보기와 같이 문장을 완성하세요.

> 보기
>
>
>
> 보아하니, 너 가기 싫구나.
>
> → 看样子你是不想去了。

❶  보아하니, 비가 오겠어요.

_____

❷ 보아하니, 그녀는 커피 마시는 것을 좋아하나 봐요.

_____

❸  보아하니, 그가 취했네요.

_____

❹  보아하니, 이건 꼭 사야겠네요.

_____

5 대화의 빈칸에 들어갈 알맞은 문장을 골라 쓰세요.

> a 好像不认识我们一样　　b 好像中国人一样
>
> c 好像没学过一样　　　　d 好像春天一样

❶ A: 今天天气真暖和。

　B: 是啊，_____。

❷ A: 你汉语说得怎么样？

　B: _____，都忘了。

❸ A: 他怎么不理我们，就走了？

　B: _____。

❹ A: 哇，你的汉语说得_____。

　B: 说实话，我就是中国人。

传统
chuántǒng
품사 명사　의미 전통

新娘
xīnniáng
품사 명사　의미 신부

服装
fúzhuāng
품사 명사　의미 복장, 의상

交通
jiāotōng
품사 명사　의미 교통

实话
shíhuà
품사 명사　의미 진실한 말

难受
nánshòu
품사 형용사　의미 괴롭다, 참을 수 없다

理
lǐ
품사 동사　의미 아랑곳하다

过节
guòjié
품사 동사　의미 명절을 쇠다

提供
tígōng
품사 동사　의미 제공하다

赢
yíng
품사 동사　의미 이기다

1 我以为发错了短信。 p.2~3

1
❶ (전화를) 바꾸다, 돌리다 ❷ 추측하다
❸ 잊다 ❹ ~인 줄 알다. ~라고 생각하다
❺ 방금, 막 ❻ 떠나다

2

❶ ——— chōngdiàn <u>充电</u>
❷ ——— diànzǐ yóujiàn <u>电子邮件</u>
❸ ——— duǎnxìn <u>短信</u>

3
❶ 听错了
❷ 写错了
❸ 打错了
❹ 发错了

4
❶ c ❷ a ❸ d ❹ b

5
发过 / 原来, 正 / 发错 / 刚才, 刚

2 大小正合适。 p.6~7

1
❶ 试 ——— pèi 어울리다
❷ 配 ——— huò 물건
❸ 货 ——— shì 시도하다
❹ 特别 ——— héshì 적당하다
❺ 合适 ——— tèbié 특히

2
❶ 夹克 ❷ 裙子 ❸ T恤 ❹ 裤子
　　　 (迷你裙)

3
❶ c ❷ d ❸ a ❹ b

4
❶ 除了英语以外, 还会说汉语。
❷ 除了漂亮以外, 还很聪明。
❸ 除了下雨以外, 还刮风。
❹ 除了美国以外, 还去过欧洲。
❺ 除了打工以外, 还上补习班。

5
❶ 昨天新到的货, 你可以试一下。
❷ 还有别的颜色吗？
❸ 我要一条蓝色中码的。

3 一吃辣的就胃疼。 p.10~11

1
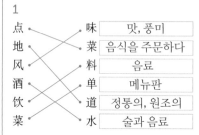
点 ——— 味 맛, 풍미
地 ——— 菜 음식을 주문하다
风 ——— 料 음료
酒 ——— 单 메뉴판
饮 ——— 道 정통의, 원조의
菜 ——— 水 술과 음료

2
❶ 条 ❷ 瓶 ❸ 位 ❹ 碗

3
❶ 지금 몇 시입니까? - a
❷ 1.25 - b (소수점)
❸ 과일 좀 주세요. - e
❹ 우리 먼저 음식 주문부터 합시다! - d

4
❶ 一回家就写作业。
❷ 一困就喝咖啡。
❸ 一喝酒就头疼。
❹ 一下课就去图书馆。

3
我们先点菜吧！
是地道的北京风味吗？
当然, 而且是这里的招牌菜。

4 还不如睡觉了。
p.14~15

1
- ❶ 考 ——— 희망하다
- ❷ 希望 ——— 시험보다
- ❸ 积累 ——— 평소
- ❹ 平时 ——— 밤새워 공부하다
- ❺ 开夜车 ——— (조금씩)쌓이다

2
❶ 平时 ❷ 好好儿 ❸ 没什么 ❹ 一步一步地

3
❶ 做不好不如不做。
❷ 玩儿游戏不如看电视。
❸ 坐着不如躺着。

4
❶ 白去了 ❷ 白花钱了 ❸ 白等了

5
❶ (시험 본 결과가) 별로 희망이 없어.
❷ 밤새느니 차라리 잠을 자는 게 낫다.
❸ 앞으로는 꼭 열심히 공부할 거야!

5 我说的话你听得懂吗?
p.18~19

1
❶ qíshí, (a)   ❷ méicuò, (f)
❸ jiǎndān, (e)   ❹ hàipà, (c)
❺ chà, (b)   ❻ jìzhu, (d)

2

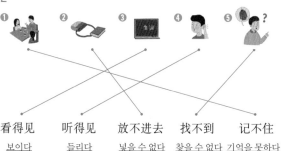

看得见	听得见	放不进去	找不到	记不住
보이다	들리다	넣을 수 없다	찾을 수 없다	기억을 못하다

3
❶ 听得懂 / 听不懂
❷ 看得懂 / 看不懂
❸ 找得到 / 找不到

4
❶ 我不是来学习的，而是来工作的。
❷ 这个裙子不是在百货商店买的，而是在网上买的。
❸ 我不是去上班，而是有约会。
❹ 我不是不想去，而是没时间去。

5
Ⓐ → Ⓓ → Ⓒ → Ⓑ

6 学汉语越来越有意思！
p.22~23

1
- ❶ nánguài ——— 成语 (고사성어)
- ❷ xīnxiān ——— 故事 (이야기)
- ❸ chéngyǔ ——— 难怪 (어쩐지)
- ❹ shuǐpíng ——— 新鲜 (신선하다)
- ❺ gùshi ——— 水平 (수준,실력)

2
❶ 越来越   ❷ 越来越
❸ 越 / 越   ❹ 越 / 越

3
❶ C   ❷ B   ❸ A   ❹ B   ❺ B

4
❶ 难怪大家都喜欢去她家。
❷ 难怪你那么喜欢做运动。
❸ 难怪这几天总是(一直)下雨。
❹ 难怪你开夜车。

5
- ❶ 你在看什么？ ——— 难怪他喜欢吃辣的。
- ❷ 他是韩国人。 ——— 那儿的风景可美了!
- ❸ 四川怎么样？ ——— 我在看《成语故事》。

7 如果有了钱，你想干什么? p.26~27

1
① 中韩两国
중한양국
② 中奖
당첨되다
③ 市中心
시중심

④ 中毒
중독
⑤ 中央电视台
중앙텔레비전방송국(CCTV)

2
① 彩票
② 环球旅行
③ 及格
④ 谜语
⑤ 眼熟
⑥ 原谅

3
① 要是我是你就好了。
② 要是有钱就好了。
③ 要是再年轻一点儿就好了。
④ 要是考试及格就好了。
⑤ 要是我能升职就好了。

4
① a
② b

5
① 难道你不认识他吗?
② 难道你真的不想去吗?
③ 难道他没告诉你吗?
④ 难道我错了吗?

8 毕业等于失业。 p.30~31

1
① 毕业, 졸업하다
② 失业, 직업을 잃다
③ 就业, 취업하다
④ 情况, 상황
⑤ 经济, 경제

2
① 一加一等于二。
② 结婚等于幸福。
③ 省钱等于赚钱。
④ 谈恋爱等于花钱。

3
① 看起来, 快要下雨了。
② 我快要结婚了。
③ 电影快要开始了。
④ 我的宝宝快要出生了。

4
① 因为我喜欢孩子, 所以想当老师。
② 因为原来的太旧了, 所以要换。
③ 因为生病了, 所以没来。
④ 因为我们性格不合, 所以分手了。

5
听, 说, 快, 了 / 等于 / 因为, 所以 / 看来, 差不多

9 除了故宫以外，我都没去过。 p.34~35

1
① qìwēn — 气 温 기온
② xuějǐng — 雪 景 설경
③ língxià — 零 下 영하
④ yàobù — 要 不 그렇지 않으면
⑤ zuìdī — 最 低 최저이다

2
① 当导游
② 当老师
③ 当老板
④ 当厨师

3
① 房间怎么这么热?
② 找工作怎么这么难?
③ 网速怎么这么慢?
④ 房子怎么这么贵?

4
① 除了导游以外, 我们都是韩国人。
② 除了英语以外, 别的成绩都很好。
③ 除了咖啡以外, 还喜欢喝别的饮料。
④ 除了早上以外, 什么时候都可以。

5 예
① 天气预报说, 今天最低气温是零下15度。
② 中国的名胜, 除了故宫以外, 我都没去过。

10 不管是夏天还是冬天, 都很美。 p.38~39

1
① 学生证　② 참관하다　③ 할인하다　④ 공장
⑤ 然后　⑥ 租　⑦ 계산하다　⑧ 重视

2
① 打八折　② 打八五折　③ 打九折　④ 打七五折

3
① 用　② 从, 开始　③ 太, 了　④ 跟, 似的

4
① 先吃饭, 然后刷牙。
② 先做作业, 然后睡觉。
③ 先起床. 然后洗澡。

5
① 不管刮风还是下雨, 都去图书馆。
(바람이 불던 비가내리던, 항상 도서관에 갑니다.)
② 不管妈妈还是爸爸, 都很忙。
(엄마, 아빠 모두 다 바쁘십니다.)
③ 不管(是)上午还是下午, 都有时间。
(오전이던 오후이던, 다 시간이 납니다.)

11 一边上学一边打工。 p.42~43

1
① 快餐店　② shàngxué　③ 打工
④ xīnkǔ　⑤ 积累　⑥ liáo

2
① 边走边聊
② 边看边说
③ 边唱边跳
④ 边听边唱

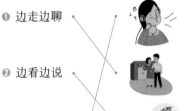

3
① 一边听音乐一边做作业。음악을 들으며, 숙제를 하다.
② 一边喝茶一边聊天。차를 마시며, 이야기를 나누다.
③ 一边开车一边接电话。운전하며 전화를 받다.
④ 一边找工作一边准备结婚。직업을 찾으며, 결혼 준비를 하다.

4
① 你这是(从)哪儿回来？
② 我(刚)从中国回来。
③ 我(一边)看中国电影, (一边)学汉语。

5
① 虽然公司很小, 可是发展很快。
② 虽然我们是姐妹, 可是一点儿也不像。
③ 虽然我会说汉语, 可是说得不太好。
④ 虽然堵车, 可是上班没迟到。

12 不甜不要钱！　　p.46~47

1
❶ 시다　❷ 甜　❸ 苦　❹ 맵다　❺ 咸

2
❶ 挑　❷ 俱全　❸ 了解　❹ 奖品

3
1. 什么的

2. 不，不

4
❶ 只要参加 ——— 就想起童年。
❷ 只要努力学习 ——— 就有奖品。
❸ 我只要听到这首歌 ——— 我就放心了。
❹ 只要妈妈同意 ——— 我就可以去。
❺ 只要你幸福 ——— 就会有好成绩。

5
❶ 还是太贵，再便宜点儿吧。
❷ 最近经常开会、出差什么的，所以很忙。
❸ 五味俱全。

13 我被女朋友甩了。　　p.50~51

1
❶ 精神　　gǎnqíng　　감정, 애정
❷ 提　　　fēnshǒu　　헤어지다
❸ 甩　　　xiǎoxīnyǎnr　마음이 좁다, 옹졸하다
❹ 忘　　　jīngshen　　기운, 활력
❺ 感情　　wàng　　　잊다
❻ 分手　　shuǎi　　　뿌리치다, 떨치다
❼ 小心眼儿　tí　　　　말을 꺼내다

2
❶ 偷走　　❷ 咬　　❸ 打碎　　❹ 踩

3
❶ 你怎么(不 / 没)来？
❷ 你怎么(不 / 没)告诉我？
❸ 你怎么(不 / 没)吃饭？
❹ 你怎么(不 / 没)去考试？

4
❶ 这不是你的手机吗？
❷ 你不是学过汉语吗？
❸ 你不是答应过我吗？

5
❶ 我被蚊子咬了。
❷ 我的笔记本电脑被妹妹拿走了。
❸ 妈妈的钱包被小偷偷了。
❹ 我被老师批评了。

14 只有星期天，才有时间。　　p.54~55

1
❶ jùhuì　　예약하다　　预定
❷ yùdìng　　가격　　价格
❸ rènao　　실용적이다　　实惠
❹ zhǔyì　　번화하다　　热闹
❺ jiàgé　　아쉽다　　可惜
❻ shíhuì　　아이디어　　主意
❼ kěxī　　모이다　　聚会

2
❶ 周一　❷ 周五　❸ 星期六　❹ 星期天，周日

3
❶ 主意　❷ 只好　❸ 不了　❹ 可惜　❺ 预定

4
❶ 只有，才
❷ 只有，才
❸ 只要，就
❹ 只要，就
❺ 只有，才

15 系好安全带了吗?

p.58~59

1

❶ 晕车　❷ 新闻　❸ 长寿　❹ 戒　❺ 身材　❻ 老公

2

❶ 系安全带　❷ 系腰带　❸ 系扣子

3

❶ 为了学习，还是放弃工作吧。

❷ 为了幸福，还是努力吧。

❸ 为了出国旅游，还是赚点儿钱吧。

❹ 为了健康，还是戒烟吧。

❺ 为了买房子，还是省点儿钱吧。

4

❶ 系上　❷ 系好　❸ 难怪　❹ 反正

5

❶ 我没有他说得好。

❷ 首尔没有北京大。

❸ 今天没有昨天冷。

❹ 电视剧没有电影那么精彩。

16 真是漂亮极了！

p.62~63

1

❶ xīnniáng　　신부

❷ guòjié　　명절을 쇠다

❸ hánfú　　한복

❹ chuántǒng　　전통

❺ fúzhuāng　　의상, 복장

❻ qípáo　　치파오(중국 전통의상)

2

❶ 好极了！　❷ 高兴极了！　❸ 难受极了！　❹ 可爱极了！

매우 좋아요!　　매우 기뻐요!　　매우 괴로워요!　　매우 귀여워요!

3 方便 (뜻: 편리하다) : a, c

a 한복은 입기에 불편해서, 명절에만 입어요.

b 죄송해요, 화장실 좀 다녀오겠습니다.

c 서울은 인구가 많지만 교통이 편리하다.

d 회사는 계속 나에게 편의를 제공해 주었다.

4

❶ 看样子，要下雨了。

❷ 看样子，她很喜欢喝咖啡。

❸ 看样子，他喝醉了。

❹ 看样子，一定得买这个。

5

❶ d, 好像春天一样

❷ c, 好像没学过一样

❸ a, 好像不认识我们一样

❹ b, 好像中国人一样

찌아요 실력편 ❷
加油 중국어 워크북

초판 발행　2014년 5월 30일

저자　　　배경진
발행인　　이기선
발행처　　제이플러스
주소　　　서울시 마포구 월드컵로 31길 62
전화　　　02-332-8320
등록번호　제10-1680호
등록일자　1998년 12월 9일
홈페이지　www.jplus114.com

ISBN　　　979-11-5601-016-6
　　　　　　978-89-94632-96-4 세트

값 5,000원